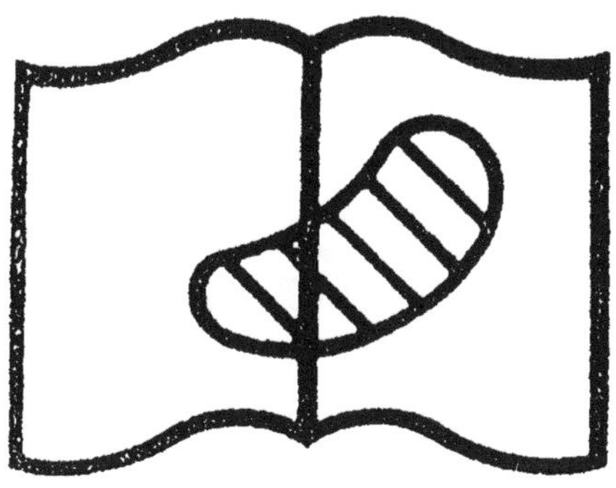

Illisibilité partielle

Valable pour tout ou partie
du document reproduit

Couverture inférieure manquante

Original en couleur

NF Z 43-120-8

ÉTUDE

HISTORIQUE ET ARCHÉOLOGIQUE

SUR

LA ROUE DES JUIFS

DEPUIS LE XIIIe SIÈCLE

PAR

Ulysse ROBERT

Extrait de la *Revue des Études juives.* — Tome VI.

PARIS

LIBRAIRIE A. DURLACHER

83 *bis*, RUE LAFAYETTE

Extrait de la *Revue des Etudes juives*. — Janvier-mars 1893.

ÉTUDE HISTORIQUE ET ARCHÉOLOGIQUE

SUR LA ROUE DES JUIFS

DEPUIS LE XIIIe SIÈCLE

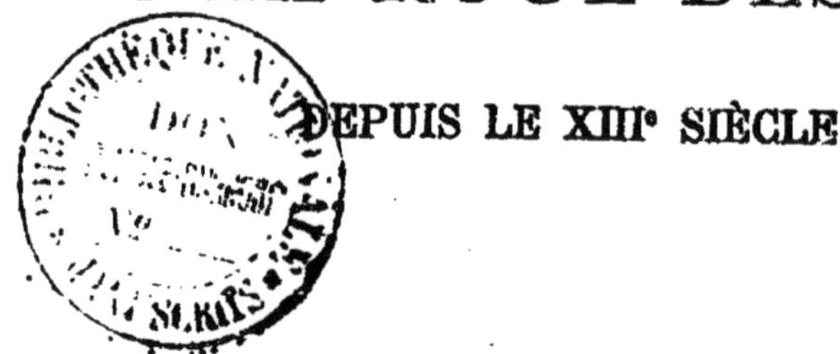

Depuis le commencement du XIIIe siècle, les Juifs d'Occident furent soumis à l'obligation de porter sur leurs vêtements un signe extérieur destiné à les distinguer des chrétiens. C'est une particularité que presque tout le monde connaît, mais ce que l'on ignore généralement, c'est ce en quoi consista ce signe, quelles en furent l'origine, la forme, la matière, la couleur, les dimensions, etc. Grâce à quelques textes qui nous ont été conservés surtout par les canons des conciles, les ordonnances des rois et divers statuts, j'espère faire un peu la lumière sur cette question : je désire, en publiant cette courte étude que je sais d'ailleurs devoir être très incomplète[1], attirer l'attention des érudits sur des textes encore inconnus ou sur des monuments figurés qui représentent des Juifs avec ce signe, parce que ces textes, ces monuments peuvent fournir des éléments de critique d'une certaine valeur.

L'Eglise eut l'initiative de cette mesure; elle voulait ainsi empêcher les unions entre chrétiens et juifs[2]. Ce fut du moins le

[1] Je recevrai avec la plus vive reconnaissance les communications de tous genres qui pourraient m'être adressées à ce sujet.

[2] ... Contingit interdum quod per errorem christiani Judæorum seu Saracenorum et Judæi seu Saraceni christianorum mulieribus commisceantur. Ne igitur tam damnatæ commixtionis excessus per velamentum erroris hujusmodi, excusationis ulterius possint habere diffugium, statuimus ut tales utriusque sexus in omni christianorum provincia, et omni tempore qualitate habitus publice ab aliis populis distinguantur... (*Sacrosancta concilia ad regiam editionem exacta*, t. XIII, col. 1003 et 1006). — Prælati procedant contra ipsos Judæos interdicendo commercia cum eis... (Concile de Valence en Dauphiné, tenu vers 1248. *Sacrosancta concilia*, t. XIV, col. 114). In sacro generali concilio provida fuit deliberatione statutum ut Judæi

prétexte invoqué par les Pères du quatrième concile général de Latran, en 1215; ils décidèrent que désormais tous les Juifs de la chrétienté seraient obligés de porter des vêtements différents de ceux des chrétiens, ainsi que cela se pratiquait déjà dans plusieurs endroits[1].

En quoi devait consister cette différence? Le concile de Latran ne l'indique pas; les canons de quelques autres conciles tenus postérieurement ne sont pas plus précis. Mais la forme de ce signe ne tardera pas à être fixée d'une façon définitive, au moins pour la France, l'Espagne et l'Italie; ce signe sera la *roue* ou *rouelle* (rota, rotella). Je montrerai plus loin ce qu'il fut dans d'autres pays.

La roue paraît être d'origine française et avoir été en usage dans le diocèse de Paris, au moins dès le commencement du XIIIe siècle. On trouve en effet dans les statuts synodaux édictés par l'évêque Eudes de Sully (mort le 13 juillet 1208) cette prescription : « Præcipimus [presbyteris] ut moneantur non Judæis prestare rotas, secundum quod præceptum est[2]. » A partir du concile de Narbonne, tenu en 1227[3], elle devient le signe imposé, pour ainsi dire, officiellement aux Juifs. Cette prescription, quant à la forme, est renouvelée par les conciles d'Arles, de 1234[4]; de Béziers, de 1246[5]; d'Albi, de 1254[6]; d'Arles, de 1260[7]; de Nîmes, de 1284[8]; d'Avignon, de 1326 et 1337[9]; de Vabres, de 1368[10], et par les statuts synodaux de Rodez, de 1336[11], et de Nîmes, du 7 mars 1365[12]. Le fait que les Juifs étaient plus nombreux dans le midi de

christianis qualitate habitus distinguantur, ne illorum isti vel istorum illi possint mulieribus dampnabiliter commisceri... Bulle du pape Alexandre IV, du 3 septembre 1257, adressée simultanément à saint Louis, à Charles Ier, comte d'Anjou et de Provence, son frère, et à Hugues IV, duc de Bourgogne. Elle a été publiée par M. Isidore Loeb d'après les originaux conservés aux Archives nationales, sous les cotes L. 252, n°s 203-205, dans la *Revue des Etudes juives*, t. I, juillet-septembre 1880, p. 116-117. — Philippe V, dans son ordonnance du 10 octobre 1317, donne la même raison :...volentes etiam quod inter regni catholicos et Judæos certa et nota differentia habeatur, ut inde multis periculis et potissime mulierum catholicarum conjunxionibus, quas frequenter contingit, ut dicitur, fieri occurratur (*Ordonnances des rois de France de la troisième race*, t. XI, p. 447).

[1] Notamment dans le diocèse de Paris. Voyez à la page suivante.

[2] Migne, *Patrologiæ cursus completus*, t. CCXII, col. 68.

[3] ... Deferant signum rotæ (*Sacrosancta concilia*, t. XIII, col. 1106).

[4] *Ibid.*, t. XIII, col. 1314. Le mot rotæ doit avoir été omis dans le texte; d'après ce qui suit, il ne peut y avoir aucun doute au sujet de la forme.

[5] *Sacrosancta concilia*, t. XIII, col. 97.

[6] *Ibid.*, t. XIV, col. 171 et 172.

[7] *Ibid.*, t. XIV, col. 244.

[8] *Ibid.*, t. XIV, col. 828.

[9] *Ibid.*, t. XV, col. 311 et 530.

[10] *Ibid.*, t. XV, col. 896.

[11] Martene, *Thesaurus novus anecdotorum*, t. IV, col. 769.

[12] *Ibid.*, t. IV, col. 1004.

la France que partout ailleurs, explique pourquoi nous ne voyons figurer dans cette énumération que des villes méridionales.

C'est également dans le Midi que furent d'abord promulguées par le pouvoir séculier et par les villes les ordonnances relatives au signe des Juifs. En 1232, Raymond VII, comte de Toulouse, et le légat du pape statuent qu'ils porteront la roue [1]; les coutumes d'Avignon, de 1243, prescrivent la roue aux hommes et le voile aux femmes [2]; enfin, d'après les statuts de Marseille, qui sont de 1255, ils devaient porter une calotte ou chapeau jaune; s'ils ne le voulaient pas, une roue [3].

La roue fut imposée aux Juifs par les rois de France dans une série d'ordonnances dont la plus ancienne est celle de saint Louis, du 19 juin 1269 [4]; elle fut confirmée par Philippe le Hardi [5], Philippe le Bel [6], Louis X [7], Philippe V [8], le roi Jean [9], enfin par Charles V [10].

A l'exemple de saint Louis, Alphonse de Poitiers oblige les Juifs de ses domaines à porter la roue sur leurs vêtements [11]. Les statuts de Nice, qui furent édictés en 1342, les soumirent à la même obligation [12]. En général, la roue fut le signe commun aux deux sexes; cependant pour les femmes, elle fut remplacée par une espèce de voile appelée *oralia* [13], *orales* [14], *cornalia* [15].

L'âge auquel les Juifs devaient commencer à avoir le signe a varié. A Marseille, il fut fixé à sept ans [16]. Le concile d'Arles, de 1234, le recule jusqu'à treize ans pour les garçons et douze ans

[1] Catel, *Histoire des comtes de Tolose*, p. 352.

[2] R. de Maulde, *Coutumes et règlements de la république d'Avignon*, dans la *Nouvelle revue historique de droit français et étranger*, 1877, p. 595.

[3] Statuimus quod omnes Judæi a septem annis supra portent vel deferant calotam croceam, vel, si noluerint, portent in pectore unam rotam...(Du Cange, au mot Judæi). Dans l'*Histoire de la commune de Marseille*, de L. Méry et F. Guindon, au livre V, chap. 14 des statuts publiés par eux, il n'est pas fait mention de la « *calotam croceam* ».

[4] *Ordonnances des rois de France de la troisième race*, t. I, p. 294.

[5] Le 23 septembre 1271 (collection Dupuy, ms. n° 532, fol. 112); — 20 mars 1272 (*Ordonnances*, t. XII, p. 323); — 19 avril 1283 (Saige, *Les Juifs du Languedoc antérieurement au* XIVe *siècle*, p. 212).

[6] Le 18 mars 1288 (Saige, p. 220).

[7] Le 28 juillet 1315 (*Ordonnances*, t. I, p. 596).

[8] Le 10 octobre 1317 (*Ibid.*, t. XI, p. 447).

[9] Le 20 ou le 21 octobre 1363 (*Ibid.*, t. III, p. 642).

[10] Le 18 juillet 1372 (*Ibid.*, t. V, p. 498).

[11] Le 19 juillet 1269 (collection Dupuy, ms. n° 822, fol. 236).

[12] *Monumenta historiæ patriæ, leges municipales; Statuta Niciæ*, col. 148.

[13] Concile d'Arles de 1234, *l. cit.*, et *Coutumes d'Avignon*, *l. cit.*

[14] Statuts de Marseille, *l. cit.*

[15] Conciles d'Avignon de 1326, et de Vabres, *l. cit.*

[16] Statuts de Marseille, *l. cit.*

pour les filles ; ceux d'Avignon, de 1326, et de Vabres, le portent à quatorze pour les garçons et douze pour les filles.

La place ordinaire de la roue était sur la poitrine. Elle est expressément déterminée par la plupart des canons des conciles[1], par les statuts de Raymond VII, comte de Toulouse, et par ceux d'Avignon, de Marseille et de Nice. Il y eut, à la vérité, des exceptions, mais beaucoup plus tard et probablement dans le seul Comtat-Venaissin. J'en parlerai plus loin. Saint Louis et Alphonse de Poitiers, par leurs ordonnances de 1269, et Philippe le Hardi, par celles de 1272 et de 1283, prescrivent une deuxième roue qui sera placée derrière le dos[2]. L'ordonnance de Louis X est moins précise : « ils porteront, dit-elle, le signal où ils l'avoient acoustumé de porter. » Sous le roi Jean, on revint à la roue unique[3], et cette disposition fut maintenue par Charles V, qui veut que les Juifs « portent leur enseigne acoustumée au-dessus de la ceinture. » Elle devait être fixée ou cousue sur le vêtement de dessus, ou encore, comme le dit l'ordonnance de Louis X, « pourtrait de fil ou de soye. »

En ce qui concerne la matière de la roue, les canons des conciles et les statuts municipaux sont absolument muets, mais il est probable que le feutre ou le drap furent adoptés partout et de très bonne heure, en conformité des prescriptions d'une bulle de Grégoire IX, de 1233 ou de 1234[4]. C'est la matière qui fut imposée par saint Louis, par Alphonse de Poitiers et, en 1283, par Philippe le Hardi[5]. Si on en excepte les dérogations à cet usage qui eurent lieu postérieurement dans le Comtat-Venaissin, je pense qu'il faut admettre que le feutre, l'étoffe, le fil et la soie[6] furent seuls employés. Je ne sais ce qui a autorisé Pasquier à dire

[1] Notamment par ceux de Narbonne, d'Arles de 1234, de Béziers, d'Albi, d'Avignon de 1279 et de 1326, de Nîmes de 1284, de Vabres, et par les statuts synodaux de Rodez et de Nîmes.

[2] ... Retro, disent les ordonnances de saint Louis et d'Alphonse de Poitiers ; — in dorso,... et aliam inter scapulas, disent celles de Philippe le Hardi. — L'ordonnance de saint Louis et celle d'Alphonse de Poitiers, qui en est, pour ainsi dire, la copie, paraissent avoir été calquées sur une bulle de Grégoire IX, dont il sera plus loin fait mention à diverses reprises.

[3] Une grant rouelle bien notable... (*Ordonnances, l. cit.*).

[4] Cette indication m'est fournie par l'*Historia social, politica y religiosa de los Judios de España y Portugal*, t. II, p. 22 et 197, de D. José Amador de los Rios, qui ne paraît pas très sûr de la date. Je fais rechercher dans les registres du Vatican le texte de cette bulle, qui est d'une importance exceptionnelle pour le sujet dont je m'occupe.

[5] ... Rotam de feltro seu panno ... Cette désignation est absolument la même dans la bulle de Grégoire IX.

[6] Voy. l'ordonnance de Louis X.

que les Juifs avaient jadis eu sur l'épaule une rouelle ou platine d'étain[1].

La couleur, qui paraît avoir été d'abord prescrite, est le jaune safran. La bulle de Grégoire IX nous en fournit encore le premier exemple[2]. Saint Louis et Alphonse de Poitiers ordonnent aussi le jaune. Philippe le Hardi, Louis X et Philippe V s'en tiennent, autant qu'on peut en juger par les termes vagues de leurs ordonnances, aux prescriptions de leurs prédécesseurs[3]. Le roi Jean modifie la couleur et, de jaune qu'était la roue, elle devient « partie de rouge et de blanc. » Une miniature du ms. français 820 de la Bibliothèque nationale (*Recueil des miracles de Nostre Dame*), nous en donne, au fol. 192, un curieux exemple. Elle représente un Juif revêtu d'une robe et d'un capuchon verts; par dessus, il porte un manteau d'un rouge pâle, avec la roue mi-partie de rouge plus foncé et de blanc sur la poitrine. Cette disposition des deux couleurs ne semble pas avoir duré ou du moins avoir été rigoureusement observée. Car une autre miniature du ms. lat. 919, qui est le livre d'heures du duc de Berry, exécuté en 1409, représente au fol. 48 v°, un Juif coiffé du chapeau pointu, portant sur la poitrine une large roue, dont le pourtour est rouge et le fond blanc[4]. Le vêtement sur lequel elle est appliquée est violet; par conséquent la roue est pleine. Un autre monument figuré un peu antérieur, fait entre les années 1401 et 1409, nous montre aussi deux Juifs avec la roue sur la poitrine; ces roues ne sont pas parties; elles sont formées par un simple trait. Malheureusement cette dernière représentation ne me fournit aucune donnée en ce qui concerne la couleur, parce qu'elle est en camaïeu[5].

[1] *Recherches sur l'état de la France*, p. 604.

[2] De feltro seu panno croceo.

[3] Ad signa portanda quemadmodum prædictus genitor noster statuit... — et sera d'autre couleur que la robbe (*Ibid.*, p. 1315)... — nec non signa quæ ante eorum captionem portare consueverant, faciatis ipsos in eorum vestibus superioribus evidenter portare...(*Ibid.*, p. 1317).

[4] Cette miniature appartient au genre dit des grotesques.

[5] Cette peinture est dans le magnifique ms., qui porte le n° 167 du fonds français; elle est au fol. 134. Elle représente quatre Juifs dont deux, ceux qui ont la roue, sont au premier plan; un de ceux-ci et un de ceux qui sont au deuxième plan, ont une hotte derrière le dos; ils sont chassés par un diable tenant un bâton. Cette représentation est accompagnée des deux textes suivants, en latin et en français, qui servent de commentaire au verset 31 du chapitre I des Proverbes: Hoc significat quod Judei huc usque separati sunt a consilio et auxilio Domini, quia consilio pessimo ducti petierunt ut Barrabas dimitteretur et Christus innocens crucifigeretur. — Ceci segnefie que les Juis sont encore jusques a dessevrez du conseil de Dieu, car ils refusèrent le sien et usèrent de leur propre conseil; si en sueffrent la peine temporele de choitivaison par tout le monde et après esperituele.

Pagination incorrecte — date incorrecte
NF Z 43-120-12

PAGE 6 AU LIEU DE 7

Les canons des conciles et les statuts municipaux ne faisant pas mention de la couleur de la roue, je pense qu'il est permis d'admettre, sans crainte d'erreur, que le jaune fut employé au moins depuis que Grégoire IX en eut prescrit l'usage jusqu'à la promulgation de l'ordonnance du roi Jean. De même encore nous trouverons des exceptions à ces règles dans le Comtat-Venaissin, à une époque plus rapprochée de nous.

La plupart des textes contiennent une indication relative aux dimensions de la roue. A défaut de mesures précises, il est dit, par exemple, que la roue doit être ample, apparente, etc. [1]. On voulait ainsi empêcher les Juifs de dissimuler le signe, mais on aurait pu difficilement les empêcher d'interpréter à leur façon et à leur avantage des canons, des ordonnances ou des statuts conçus dans des termes trop vagues. Aussi les dimensions sont-elles le plus souvent déterminées d'une manière exacte. Voici l'indication des dimensions prescrites par les conciles de Narbonne, de Béziers, d'Albi et les statuts de Raymond VII : pour la largeur du cercle, un doigt ; pour l'espace vide, un demi-palme [2] ; par les conciles d'Arles, d'Avignon, de 1326, et de Vabres, pour la largeur du cercle, trois ou quatre doigts ; par les statuts de Marseille, un palme ; par la bulle de Grégoire IX, quatre doigts pour la largeur du cercle ; par les ordonnances de saint Louis et d'Alphonse de Poitiers, quatre doigts pour la largeur du cercle et un palme pour l'espace vide. Sous le règne de Louis X, la roue « sera large d'un blanc tournois d'argent au plus », soit de 18 ou 19 millimètres ; sous le roi Jean, elle atteindra les dimensions de son grand sceau, environ 35 millimètres [3] ; enfin sous le règne de Charles V, « sera ladicte enseigne du large du seel de nostre Chastellet de Paris », environ 50 millimètres [4]. Il y eut à ces règles des dérogations autorisées. M. Saige nous apprend, en effet, dans son ouvrage sur les Juifs du Languedoc [5] que, en 1279, l'abbé de Saint-Antonin de Pamiers permit aux Juifs de porter, au lieu de la large roue imposée, une roue étroite, en fil, très peu visible, brodée sur leurs

[1] ... Rotis aut signis aliis in exteriori eorum habitu patentibus utantur (concile d'Arles)... — per quæ faciliter et distincte valeant a christianis agnosci pariter et discerni (concile d'Avignon, de 1279)...—Signum portent notabile, apparens rota (statuts de Nice)... — bien notable... et telle que l'en puisse bien apercevoir ou vestement dessus, soit mantel ou autre habit... (ordonnance du roi Jean).

[2] Je ne saurais indiquer exactement les dimensions du palme ; peut-être équivaut-il à l'étendue de la main. Littré dit que le palme en Provence a une longueur de neuf pouces, soit environ 24 centimètres.

[3] Douët d'Arcq, *Collection de sceaux*, t. I, p. 274.

[4] *Ibid.*, t. II, p. 183.

[5] P. 40.

vêtements. En 1280, Philippe le Hardi confirma cette disposition bienveillante [1].

Des textes qui m'ont fourni les renseignements sur les dimensions de la roue et des monuments figurés que j'ai signalés plus haut, il résulte que la roue était le plus souvent évidée et parfois pleine. Un passage cité dans l'*Histoire littéraire de la France* donne de la roue la description suivante assez curieuse pour être rapportée : « La forme de ces signes était une roue d'étoffe cra- » moisie d'un palme de diamètre et de quatre doigts de largeur » à la circonférence, dont le milieu se composait d'étoffe noire en » forme de lune décroissante [2]. »

Les sentiments des chrétiens pour les Juifs pendant le moyen âge sont trop connus pour qu'on ne s'explique pas le peu d'empressement de ceux-ci à se soumettre à une mesure qui les signalait à la haine publique ; aussi cherchaient-ils à s'y soustraire. Mais les bulles des papes, les canons des conciles et les ordonnances ne tardaient pas à les rappeler à la réalité. La bulle du pape Alexandre IV, adressée le 3 septembre 1257, à saint Louis, à Charles d'Anjou et à Hugues IV, duc de Bourgogne, les invite à faire exécuter les prescriptions du concile de Latran relatives aux Juifs et notamment en ce qui concerne le signe [3]. Il est juste de reconnaître que l'Église n'a pas été au-delà des avertissements et des menaces canoniques et que toutes les mesures de rigueur, amendes, peines corporelles, etc., prises contre les Juifs récalcitrants, émanaient du pouvoir séculier. C'est la commune de Marseille qui, la première, semble être entrée dans cette voie. Elle condamne tout Juif trouvé sans le signe à une amende d'au moins 5 sous pour chaque contravention [4]. Saint Louis et Alphonse de Poitiers élèvent l'amende jusqu'à la somme de 10 livres tournois, qui seront en partie converties en œuvres pies [5] ; en outre le

[1] De plus, vous laisserez les Juifs de Pamiers, que vous contraignez, comme nous le comprenons, à porter la marque dont se servent les Juifs de France, se servir de celle que l'abbé de Pamiers leur a prescrite, pourvu qu'elle les distingue suffisamment des chrétiens (Vaissete, *Histoire générale de Languedoc*, t. IV, p. 33).

[2] P. 567, traduction d'une chronique juive rapportée par Salomon ibn Verga, dans son livre « Verge de Juda » (שבט יהודה).

[3] .... Serenitatem (ou nobilitatem) tuam rogamus et hortamur attente per apostolica tibi scripta mandantes quatinus predictos Judeos ad deferendum signum quo a christianis qualitate habitus distinguantur (*Revue des Études juives*, t. I, p. 117).

[4] .... Si quis contra fecerit, solvat perinde pro qualibet vice pro pœna quinque solidos vel plus ad libitum rectoris (*Histoire de la commune de Marseille*, p. 167).

[5] .... et nihilominus idem Judæus qui sic inventus fuerit sine signo puniatur usque ad X libras turonensium, ita tamen quod pœna hujusmodi summam non excedat prædictam et hujusmodi emendæ ponantur ad partem per nos vel de mandato nostro in pios usus convertendæ (*Ordonnances*, *l. cit.*).

dénonciateur aura le vêtement de dessus du Juif[1]. Philippe le Bel prescrit la levée des amendes dues pour cette transgression, mais sans en fixer le chiffre[2]; Charles V la réduit à 20 sous parisis pour chaque fois[3]; enfin, à Nice, la moitié du vêtement de dessus pourra être attribuée au délateur, l'autre moitié au Conseil de ville[4].

D'après la chronique rapportée par Salomon ibn Verga, des châtiments corporels auraient été infligés à ceux des Juifs qui avaient été trouvés sans le signe. Des menaces de mort étaient proférées contre eux, mais elles ne paraissent pas avoir été suivies d'effet[5]. « Après quelque temps, la main des inquisiteurs s'appe- » santit sur notre nation; dans toute la Provence, ils tirèrent des » Juifs beaucoup d'argent; un grand nombre d'hommes éminents » à Marseille, à Aix et à Avignon sortirent avec les signes. L'in- » quisition sévit surtout à Avignon, où l'on avait enfermé *les deux* » *tuyaux d'or*, R. Mordekaï, fils de Joseph, et R. Israël. Ils furent » relâchés et sortirent avec les signes, après avoir payé une » amende énorme[6]. »

C'est à la demande de Paul Christiani, juif converti, que saint Louis rendit son ordonnance[7].

L'obligation pour les Juifs de porter la roue en public, quand ils sortaient[8], était quelquefois levée exceptionnellement, à titre temporaire ou définitif. M. Saige dit, dans son livre, qu'ils pouvaient, moyennant finance, se soustraire à cette obligation[9]. Elle cessait, sans doute, aussi à la suite de services rendus. Parmi les rares exemptions que j'ai rencontrées, je signalerai celle qui fut accordée par Alphonse de Poitiers à Mossé de Saint-Jean-d'Angély et à ses deux fils, pour les dispenser du port de la roue

[1] Et si quis Judæus postmodum sine prædicto signo in publico inventus fuerit, inventori vestis superior concedatur (*Ordonnances*, *l. cit.*).

[2] Mandement du 18 mars 1288, dans Saige, p. 220.

[3] .... et qui sera trouvé sens enseigne, il paiera vint solz parisis d'amende à nous pour chascune fois (*Ordonnances*, *l. cit.*).

[4] Qui vero non portaverit, veste superiori sit ipso jure privatus, cujus vestis dimidia curiæ, et alia media delatori querenti. Sed per hoc juri illorum præjudicium inferre nolumus quibus ex statuto, vel consuetudine præscripta, sicut in aliquibus locis esse asseritur, vestis hujusmodi consuevit agi (*Statuta Niciæ*, col. 148).

[5] .... Quiconque serait trouvé sans ce signe devait être mis à mort (*Histoire littéraire*, t. XXVII, p. 566).

[6] *Ibid.*, p. 566-567.

[7] .... ad requisitionem dilecti nobis in Christo fratris Pauli Christini (*Ordonnances*, *l. cit.*).

[8] Conciles d'Arles, d'Albi, de Nîmes, d'Avignon, de 1326, de Vabres et statuts synodaux de Rodez et de Nîmes, 1336 et 1365.

[9] P. 22. — M. Saige cite le ms. lat. 4684, fol. 58, où devraient se trouver des exemptions. Je n'en ai trouvé aucune.

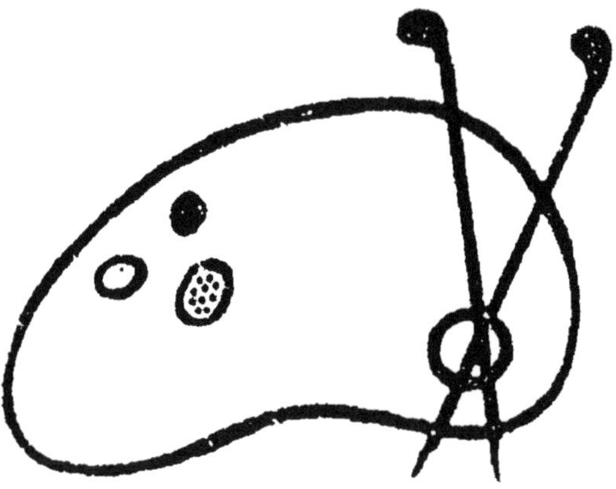

Illustrations en couleur

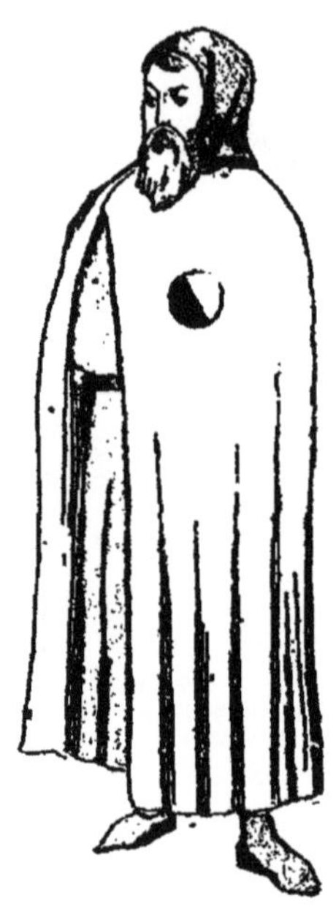

Ms. Fr. 820

Roven Salamo

Revue des Études juives, n° 12.

jusqu'à la Toussaint suivante [1]. De même, Charles V, par son ordonnance du 18 juillet 1372, exempte définitivement Manessier de Vezou, procureur général des Juifs du Languedoc, sa femme et ses enfants, Johannin, son gendre, Mathatias et sa mère, et Abraham, son fils [2]. La dispense fut accordée aux Juifs, lorsqu'ils étaient en voyage [3], par les conciles d'Arles, de 1234, d'Avignon, de 1326, et par Charles V. La partie de l'ordonnance de ce prince est tout à fait libérale et mérite d'être citée : « Et aussi avons » octroïé et octroïons aus dis Juys et Juives demourans et qui » demourent en nostre dit royaume, que en alant deuëment et » paisiblement par ycellui royaume, sens fraude et malengin pour » querir et faire lours neccissitez, il puissent aler paisiblement » parmi les villes et lieux où il ne sont point demourans, sens » arrest et sens y faire aucun contraux; en païant toutevoies les » travers et païages ordenez acoustumez, sens ce que il soient » tenus de porter la dicte enseigne, se il ne leur plaist, jusques » à tems que il seront retournez ou lieu de leur domicile tant » seulement. Et oultre avons octroïé et octroïons à yceulx Juis et » Juives, que aucun Juyf ou Juyve ne soit puni d'aucune trans- » gression ou meffaitz fors que cellui tant seulement qui com- » mettra le délit, et que ce ne tourne à aucun préjudice aux autres » Juys, ne à la teneur de ces presens privilèges [4]. » L'ordonnance du roi Jean révoque tous les privilèges de ce genre qui auraient pu être accordés [5].

Les Juifs étaient obligés de payer au trésor royal une somme annuelle pour les roues [6]. Il semble aussi résulter de fragments de comptes qui nous ont été conservés, qu'elles leur étaient vendues ; c'est là du moins l'interprétation des auteurs du *Recueil des historiens de France*. Les baillis percevaient les sommes qu'elles rapportaient. En 1285, le bailli de Mâcon reçoit 27 sous, 5 deniers gros tournois et 2 sous, 6 deniers petits tournois. Le bailli de Touraine reçoit 61 livres, 2 sous; celui d'Orléans, 50 livres. En 1295, ce dernier reçoit 30 sous [7].

[1] Collection Dupuy, ms. 822, fol. 236, ordonnance du 29 juillet 1270.

[2] *Ordonnances*, t. V, p. 498.

[3] .... nisi sint in viagio constituti. — D'après une communication de M. de Maulde, les médecins et les baillons avaient aussi le droit de n'en pas porter.

[4] *Ordonnances*, t. V, p. 498.

[5] .... non contrestant quelconques privilèges que eux ou aucuns d'eulx dient avoir ou aient de non porter icelle rouelle, lesquelx nous cassons, irritons et mettons du tout au néant quant à ce.... (*Ordonnances*, t. III, p. 642).

[6] Saige, p. 220; mandement de Philippe le Bel du 18 mars 1288.

[7] Ces fragments de comptes ont été publiés dans le *Recueil des historiens de France*, t. XXII, p. 757 et 763.

Enfin nous trouvons que parmi les objets laissés en gage, il y eut quelquefois des roues. Une curieuse particularité de ce genre est consignée dans le livre de Gustave Bayle sur *les médecins d'Avignon au moyen-âge*, dont M. Neubauer a rendu compte dans le dernier numéro de la *Revue des Études juives :* « Maître Dieu- » losal de Stella, juif et médecin d'Avignon, étant tombé malade, » et sa fille Réginette ayant épuisé ses ressources pour soigner » son père, emprunta de l'argent à maître Bonjues de Beaucaire, » physicien, et en garantie de ce prêt il déposa chez le prêteur » deux coffres remplis de vêtements et de joyaux. Après la mort » de Dieulosal on y trouva, entre autres, *des roues de soie* pour » les juives, un rouleau de parchemin contenant l'histoire d'Es- » ther, deux livres de matines à l'usage des femmes juives, en » hébreu vulgaire ou roman [1]. »

Il faut aller dans le Comtat-Venaissin pour savoir ce qui concerne, à partir du xve siècle, les Juifs qui étaient restés sur le territoire de la France actuelle. Les savantes recherches de mon confrère, M. de Maulde, et de M. Isidore Loeb, qui ont bien voulu me communiquer des notes recueillies par eux, me permettront de fournir encore quelques détails sur cette question.

La législation d'Avignon, qui prescrivait aux Juifs de porter sur leurs vêtements de dessus une roue sur la poitrine, du côté gauche, et aux femmes un voile, n'a pas varié à cet égard jusqu'au xve siècle. Les statuts de 1441, conservés dans un ms. du musée Calvet, ainsi que le concile d'Avignon de 1457 [2], reproduisent ces prescriptions qui, semble-t-il, étaient un peu tombées en désuétude. Deux bulles de Pie II, du 4 janvier et du 28 août 1459, ordonnent aux Juifs de porter une marque jaune « en dedans et en dehors de leurs habits sur deux plis [3]. » Ces dispositions ne furent pas pour cela beaucoup mieux observées, car une autre bulle d'Alexandre VI, de 1494, prouve qu'ils n'employaient plus qu'une roue en fil blanc, presque imperceptible [4]. Dans une bulle du 13 juin 1525, Clément VII impose aux Juifs le chapeau jaune et aux femmes un signe apparent [5]. En 1555, Paul IV, en 1566, Pie V

[1] T. V, p. 306-308. Le passage cité entre guillemets est extrait de l'article de M. Neubauer.

[2] Item, circa signum sive notam per Judæos deferendam cum quamplurimi in eis excedunt et vagantur hinc inde miscendo se pluribus, statuimus et renovamus laudabile statutum S. Rufi inconcusse observari (*Sacrosancta concilia*, t. XIX, col. 190).

[3] Archives d'Avignon, boîte 2, arm. 8, n° 9, J.

[4] *Ibid.* — A Valence, l'évêque avait tenu bon à cette obligation, par une ordonnance de 1441.

[5] Cette bulle est dans le t. I du cartulaire de l'évêché de Carpentras, conservé aux archives de cette ville.

et, en 1592, Clément VIII renouvellent les prescriptions de leurs prédécesseurs [1]. Enfin les Juifs du Comtat-Venaissin, s'autorisant de ce qui se passait à Rome même, prirent le chapeau noir, au lieu du jaune, se bornant à y appliquer un morceau d'étoffe ou de taffetas jaune, gris, blanc ; quelques-uns même un morceau de papier. Auparavant déjà plusieurs avaient commencé à porter un chapeau tirant sur le rouge.

Les résultats auxquels je suis arrivé ne sont peut-être pas définitifs, en ce qui concerne le signe des Juifs de France ; la découverte de nouveaux textes ou de nouveaux monuments figurés peut modifier certaines de mes conclusions, mais pas assez, j'espère, pour détruire l'ensemble de ma thèse.

En Espagne, comme en France, le port du signe semble aussi avoir eu pour but d'empêcher le contact des chrétiens avec les Juifs [2]. Il est de bonne heure imposé ; et si Honorius III, par une bulle du mois d'avril 1219, en dispense les Juifs de Castille [3], Jaime Ier, roi d'Aragon, par une ordonnance du 22 décembre 1228, les force à porter en public un signe et un vêtement qui les distinguent des chrétiens [4]. Grégoire IX, en 1233 ou en 1234 [5], insiste auprès de don Gutierre, archevêque de Santiago, pour que cette mesure reçoive son application. Si j'ai bien compris de los Rios, c'est Grégoire IX qui aurait le premier déterminé d'une façon rigoureuse la matière et la couleur de la roue [6], le feutre ou l'étoffe jaune safran, et fourni ainsi en partie le modèle des ordonnances de saint Louis, d'Alphonse de Poitiers, etc., qui furent en vigueur en France à la fin du XIIIe siècle et au commencement du XIVe. En 1234, Thibaud Ier, roi de Navarre, prescrit aux Juifs de ses Etats l'usage de la roue de feutre ou d'étoffe jaune [7] ; de

[1] Archives d'Avignon, B. 91, cote C. 2897.

[2] Licet in sacro generali concilio provida fuerit deliberatione statutum ut Judæi a christianis habitu distinguantur, ne illorum isti vel istorum illi mulieribus possint dampnabiliter commisceri.... (Bulle d'Innocent IV, à Ferdinand III, roi de Castille, citée par de los Rios, t. I, p. 364, aux notes). — Morel-Fatio, *Notes et documents pour servir à l'histoire des Juifs des Baléares sous la domination aragonaise du XIIIe au XVe siècle*, p. 12, extrait de la *Revue des Etudes juives*, t. IV, p. 31.

[3] De los Rios t. I, p. 362.

[4] Mieres, *Apparatus super constitutionibus curiarum Cathaluniæ*, 2e éd., Barcelone, 1621, d'après une communication de M. Balaguer y Merino, qui, par l'intermédiaire de mon ami, M. Morel-Fatio, a bien voulu me communiquer bon nombre de renseignements pour ce travail.

[5] De los Rios, t. II, p. 22 et 362.

[6] Quoniam volumus quod Judæi a christianis discerni valeant et cognosci, vobis mandamus quatenus imponatis omnibus et singulis Judæis utriusque sexus signo, videlicet unam rotam de feltro seu panno croceo in superiori veste consutam ante pectus, et retro ad eorundem cognitionem, cujus rotæ latitudo sit in circumferentia quatuor digitorum (De los Rios, t. II, p. 197).

[7] De los Rios, t. II, p. 22.

même, le pape Innocent IV, par une bulle adressée de Lyon, le 15 avril 1250, à Ferdinand III, roi de Castille, lui recommande de veiller à ce que les Juifs aient le signe [1]. Alphonse X le Sage, roi de Castille, introduit dans la loi d'une manière formelle l'obligation du port de la roue et condamne les délinquants à une amende de 10 maravédis ; ceux qui ne la paieraient pas recevraient 10 coups de fouet [2].

En 1301, d'après Mieres, Jaime II renouvelle l'ordonnance de Jaime Ier. Malgré les bulles des papes et les injonctions des rois, les Juifs d'Espagne trouvaient le moyen de se soustraire à la mesure qui les frappait ; le concile de Zamora, de 1313, et les cortès de Palencia, tenues la même année par l'infant don Juan, en étaient réduits à le constater, sauf à promulguer des statuts également destinés à être éludés [3]. Parmi les ordonnances du même temps, je dois encore signaler celle de la commune de Barcelone, du 19 mai 1313, relative à la roue, qui doit être bien apparente, de drap jaune ou rouge [4]. La couleur jaune est seule prescrite par une autre ordonnance du 2 janvier 1321 et la peine prononcée par la première contre les délinquants (20 sous d'amende ou le fouet) est remplacée par le fouet [5].

A peu près aussi à cette époque, le roi de Grenade Ismaïl-Abul-Walid-ebn-Abu-Saïd-ben-Faraj, qui régna de 1315 à 1326, imposa aux Juifs de ses Etats, à l'exemple des rois chrétiens ses voisins, un signe pour les distinguer des musulmans [6].

Les exemptions qui furent accordées aux Juifs paraissent avoir été relativement nombreuses ; à en juger par l'absence de toute règlementation pendant une période de cinquante années, et par la sévérité des ordonnances ultérieures, il est permis de supposer que

[1] De los Rios, t. I, p. 364, aux notes.

[2] *Ibid.*, t. I, p. 469, d'après la Partida VII, a, tit. XXIV, ley 11.

[3] Extrait des canons du concile de Zamora : Lo séptimo es que tambien judios como judias que trayan sennal çierta descubierta, por que paresca que andan departidos de los christianos, segunt diçe el derecho et se guarda en otras probinçias (De los Rios, t. II, pièces justificatives, p. 564).

[4] Ordonaren los conseylers e els prohomens de la ciutat que tot Juheu de qualque condicio sia deia porter capa axi com es acustumat. E qui capa no portara que haia a porter en la vestadura subirana sus el pists (*sic*) pres lo cabeç una roda qui sia be apparaxent de drap groch ho vermeyl e que sia axi ample com lo pla de la palma convinent e qui contra aço fara pagara per ban XX sols e si pagar nols pot sera escobat (Archives municipales de Barcelone, livre des délibérations de 1310 à 1313, fol. 42. Communication de M. Balaguer y Merino).

[5] .... una roda de drap groch cusida sobre la vestadura.... E qui contra asso fara sera escobat per la ciutat ab d (os) grans assots (Archives municipales de Barcelone, livre des délibérations de 1321 et 1322, fol. 21 v°). — A Lérida la peine infligée aux Juifs est de 2 livres ou de 20 coups de fouet (Villanueva, t. XVII, p. 38, ordonnances de Lérida, du 11 avril 1436).

[6] De los Rios, t. II, p. 198.

le port de la roue était à peu près abandonné. Voici quelques-unes de ces exemptions, dont je dois la communication à l'obligeance de M. Balaguer. En 1327, l'infant don Alphonse, et en 1336, le 1er juillet, don Pèdre III dispensent Mossé Naçan et Salomon Naçan, de Tarragone, de porter le vêtement propre aux Juifs, sauf à avoir sur leur vêtement de dessus une rouelle de couleur différente [1]. Le 3 janvier 1333, don Pèdre dispense Ismaël Morcat, Joseph et Isaac Morcat, frères, de Valence, de porter le manteau, la roue ou autre signe quelconque [2]; le 25 mai 1334, il accorde le même privilège à Joseph Almujucial, médecin de Lérida, pour le récompenser des soins qu'il avait donnés à plusieurs malades de sa maison [3]; le 25 juin suivant, à Isaac Bonavia, juif de Balaguer [4]. Enfin pareilles exemptions sont accordées, le 4 juillet 1336, par le roi don Pèdre à Astruc Saltelli, à Isaac Gratiani et à Vital Rosselli, de Barcelone [5].

Mais sous le règne de Henri II, roi de Castille, les anciennes prescriptions sont remises en vigueur et une ordonnance de 1371 édicte sous les peines les plus sévères que les Juifs « andoviessen senalados. [6] »

Une ordonnance, du 14 avril 1393, promulguée à Valence, impose aux Juifs le port de la roue jaune ou rouge sur la poitrine [7]. A Majorque, ils devaient avoir « à leur chaperon un capuchon » long d'un palme, fait en forme d'entonnoir ou de corne et cousu » jusqu'à la pointe. Lesdits Juifs ne pourront pas porter de man- » teaux, mais ils revêtiront par-dessus leurs habits de longues » robes (*gramalles*), où seront fixés à la partie extérieure les » insignes qu'ils ont coutume de porter. Lorsqu'ils voyageront, les » Juifs ne seront pas tenus de revêtir ce costume, afin d'éviter les » ennuis que cet accoutrement spécial pourrait leur attirer [8] ».

L'ordonnance de Ferdinand Ier, relative aux Juifs de Majorque, semble avoir été copiée sur celle de Valladolid, du 2 janvier 1412 [9].

1 Archives de la couronne d'Aragon, registre 859, fol. 174.

2 Archives de la couronne d'Aragon, reg. 576, fol. 17.

3 *Ibid.*, fol. 39.

4 *Ibid.*, fol. 43.

5 *Ibid.*, reg. 859, fol. 177.

6 *Ibid.*, t. II, p. 317.

7 Sanpere y Miquel, *Las costumbres catalanas en tiempo de Juan I*, Barcelone, 1878, p. 280. — La roue doit être *groga o vermella*.

8 Morel-Fatio, *Notes et documents pour servir à l'histoire des Juifs des Baléares*, p. 13, d'après l'ordonnance de Ferdinand Ier, donnée à Barcelone, le 20 mars 1413. — Voy. Villanueva, *Viage literario à las iglesias de España*, t. XXII, p. 258.

9 .... A contar de los diez primeros dias de la promulgacion del *Ordenamiento*, no usaran los judios *capitores* con *chias luengas* mas de *un palmo* y hechas a manera

Une bulle du pape Benoît XIII, du 11 mai 1415, enjoint aux Juifs de porter la roue mi-partie jaune et rouge, pour les hommes sur la poitrine et pour les femmes sur le front. Elle présente une particularité curieuse ; elle reproduit la grandeur et la forme du signe [1]. Malheureusement, Amador de los Rios, qui a imprimé cette bulle tout au long dans les Preuves de son deuxième volume, a négligé de relever cette particularité et la demande que j'ai adressée à l'archiviste de Tolède pour avoir une reproduction de cette roue est restée jusqu'à ce jour sans réponse. C'est le seul exemple que je trouve pour l'Espagne de la roue mi-partie.

Enfin, une ordonnance municipale de Barcelone, du 12 février 1479, prescrit aux Juifs qui entreront dans cette ville et y séjourneront plus de quinze jours, de porter la roue rouge sur la poitrine [2].

Les monuments figurés représentant les Juifs avec la roue paraissent être aussi rares pour l'Espagne que pour la France. M. Isidore Loeb en a publié un, qui est de Manresa (Catalogne); la roue est rouge, évidée ; elle est de la première moitié du XIVe siècle [3].

En Portugal, selon de los Rios [4], Innocent III et Honorius III

de embudo, é a *tuerto cosidas todas, todas, todas enredor fasta la punta*, llevanda *tabardos con aletas* en vez de *mantones*, y encima de todo las *señales bermejas* que ya traian, con pena de perder en contrario todas las prendas que vistieren (De los Rios, t. II, p. 500-501).

[1] .... Ad hæc antiqua jura exsequentes, quæ utriusque sexus Judæos in omni christianorum provincia, qualitate habitus publice ab aliis fidelium populis distingui mandarunt, statuimus ut in partibus in quibus Judæi tempore ut præsentis ita patens et eminens signum non portant, sicut hujusmodi constitutione disponimus, amodo signum eminens impertiti coloris, rubei scilicet et crocei affixum deferant patenter, videlicet mares in superiori veste super pectus ; feminæ vero super frontem, ejus scilicet magnitudinis atque formæ, quas in præsentibus fecimus designari (De los Rios, t. II, p. 509 et 641). — Il semble résulter de la bulle de Benoît XIII que les Juifs mettaient peu d'empressement à porter la roue, malgré les nombreuses ordonnances, tant ecclésiastiques que séculières, édictées à ce sujet. Une bulle de Martin V, du 3 juin 1425, renouvelle une fois de plus la prescription : .... auctoritate apostolica statuimus et etiam ordinamus quod quilibet dictorum Judæorum utriusque sexus in habitu suo aliquod speciale et eminens signum, sibi vigore præsentium per locorum ordinarios, ut a christifidelibus discernantur, induendum, seu imponendum, deinceps in perpetuum deferant, quo in oculis omnium Judæus, si masculus, et si femina fuerit, Judæa evidenter appareat, et absque illo nunquam incedere.... (Cocquelines, *Bullarum, privilegiorum ac diplomatum Romanorum pontificum amplissima collectio*, t. III, p. 453-454).

[2] .... Que tot Juheu que entrara en la present ciutat e aturara ultra los dits XV jorns o durant aquells no posarara en hostalaries o posades comunes o no portara los senyals acustumats esser portats per Jueus, ço es rodella vermella del ample del palmell de lo ma posada en los pits en tal forma que per tot hom sia vista (Archives municipales de Barcelone, livre des délibérations de 1479, fol. 159. — Communication de M. Balaguer).

[3] *Revue des Études juives*, n° 12 ; elle est reproduite en même temps que la miniature du ms. fr. 820.

[4] T. I, p. 275-276.... Mas de medio siglo.... y los Judios de Portugal andaban

recommandent l'usage du signe, mais il n'était pas encore appliqué en 1289, comme il résulte des plaintes du clergé portugais à Nicolas IV. Alphonse IV ordonna aux Juifs de ses États de porter un capuchon ou chapeau jaune, sous peine de 1,000 reis pour la première contravention, de 2,000 pour la deuxième; à la troisième, leurs biens étaient confisqués et ils devenaient esclaves[1]. Don Juan Ier, au commencement de 1391, remplace le chapeau jaune par la roue rouge « de seis piernas, » grande comme son sceau rond[2]. Il paraît qu'à cet égard les Juifs portugais furent assez tranquilles[3].

Frédéric II paraît avoir introduit à Naples le signe vers 1233[4]; nous savons, d'autre part, que le signe fut imposé aux Juifs, au moins à ceux de la Sicile, par le concile de Piazza, célébré le 20 octobre 1296[5]. A cela se bornent les renseignements pour le XIIIe siècle, mais il n'est pas téméraire de conjecturer que les prescriptions pontificales durent être appliquées de très bonne heure aux Juifs d'Italie. Pour une époque relativement reculée, nous possédons encore les textes des canons des deuxième et quatrième conciles de Ravenne, de 1311 et 1317.

Il y a lieu de croire aussi que, comme partout ailleurs, les Juifs d'Italie furent plus ou moins rigoureusement astreints au port du signe; malheureusement les documents que j'ai pu recueillir concernent un petit nombre de régions ou de villes. En voici l'énumération, avec l'indication des dates qui s'y rapportent :

Sicile, 20 décembre 1369, 1395 et 1428[6];
Venise, 1395, 5 mars 1408, 26 septembre 1423, 22 janvier 1429 et 1496[7];
Padoue, 22 janvier 1429, 1434 et 1443[8];
Vérone, 1422, 22 janvier 1429, 1433, 1434, 1443, 1480 et 1527[9];
Todi, 1438[10];

por todo el reino mezclados con los cristianos, sin otra distincion que la habitual de su traje un tanto oriental, alterado ya en gran manero conforme a los costumbres y traeres occidentales.

1 *Ibid.*, d'après les *Ordenaçoes é leys do regno de Portugal*, lib. V, tit. 94.
2 *Ibid.*, t. II, p. 460.
3 *Ibid.*, t. II, p. 268 et 269.
4 Graetz, *Geschichte der Juden*, t. VII, p. 30.
5 Zunz, *Zur Geschichte und Literatur*, t. I, p. 488.
6 Zunz, *Z. G.*, p. 490, 492 et 495; — *Sicilia sacra*, t. II, p. 907.
7 *Educatore israelita*, 1871, p. 48; — Steinschneider, *Hebraeische Bibliographie*, t. I, p. 17, et t. VI, p. 66.
8 *Hebraeische Bibliographie*, t. VI, p. 66.
9 *Ibid.*, t. VI, p. 66; — *Educatore israelita*, 1863, p. 202; 1871, p. 49.
10 *Archivio storico italiano*, série IV, n° 19; — *Revue des Etudes juives*, t. II, p. 319.

Novare et Verceil, 16 avril 1448[1];
Parme, 1473[2];
Pirano, 1484[3];
Rome, xve siècle[4];
Asolo, 1520[5];
Gênes, 1629[6].

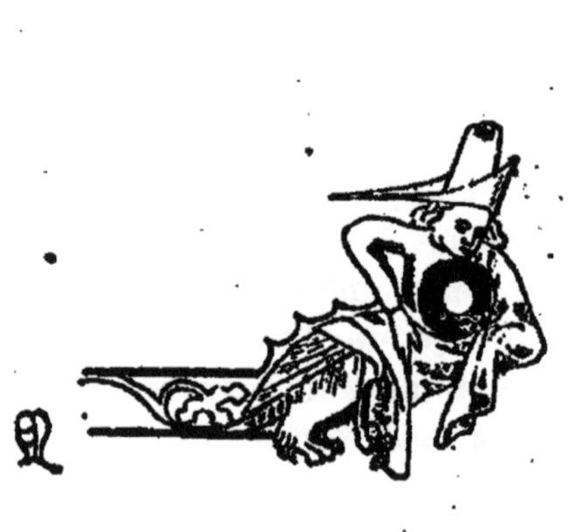

La forme du signe et les éléments constitutifs qui le composent ne sont pas toujours précisés; il n'est désigné sous le nom de roue que dans les canons des deux conciles de Ravenne[7]; dans la *Sicilia sacra*[8], il est une fois appelé rouelle, ailleurs encore cercle[9]. La dénomination générique sous laquelle il sera connu sera presque toujours celle d'O[10], à cause de la ressemblance de la lettre O avec la roue. En ce qui concerne la forme, il ne paraît pas y avoir eu de différence essentielle entre le signe des Juifs de France, d'Espagne, de Portugal et d'Allemagne et celui des Juifs d'Italie. Cependant à Vérone, l'O fut remplacé, en 1433, par une étoile qui, à son tour, fit place, en 1480, à l'O primitif[11].

1 *Hebraeische Bibliographie*, t. VI, p. 66.
2 *Educatore israelita*, 1870, p. 170.
3 *Revue des Etudes juives*, t. II, p. 191.
4 Schudt, *Jüdische Denkwürdigkeiten*, l. VI, p. 244-245.
5 *Revue des Etudes juives*, t. V, p. 223.
6 *Educatore israelita*, 1871, p. 171.
7 *Sacrosancta concilia*, t. XV, col. 58 et 193.
8 T. II, p. 907.
9 Schudt, l. VI, p. 244.
10 A Parme, à Pirano, à Venise et à Vérone.
11 *Gli Ebrei di Verona*, art. de D. Fortis dans l'*Educatore israelita*, 1863, p. 202.

Le chapeau jaune fut aussi, dès la fin du xve siècle, une des marques qui servirent à distinguer les Juifs d'Italie des chrétiens; il fut prescrit à ceux de Venise, en 1496, à ceux d'Asolo, en 1520, et à ceux de Vérone, le 15 mars 1527[1]. A Venise, le chapeau remplaça la roue que les Juifs tenaient cachée; de jaune il devint roux; plus tard, il fut entouré de cheveux rouges ou d'une étoffe rayée[2].

J'ignore à partir de quel âge le port du signe était généralement obligatoire en Italie; à Pirano, il est fixé à treize ans[3].

Le signe devait être porté en lieu apparent, sur la poitrine[4], au dessous de la barbe[5] et sur le vêtement de dessus[6]. Les canons des deux conciles de Ravenne ordonnent que les Juives auront la roue sur leur coiffure[7]; à Rome, elles portaient deux raies bleues sur leurs manteaux[8].

La roue était de toile, de drap ou de fil[9]. Elle fut primitivement de couleur jaune safran[10]; elle était rouge en Sicile en 1395[11]. En Sicile, elle avait la grandeur et la forme du sceau royal[12]; à Venise, elle était de la dimension d'un pain de la valeur de quatre sous[13]; à Vérone, le pourtour avait un doigt de largeur : le diamètre était celui d'un pain de quatre deniers[14]; à Rome, le diamètre du cercle devait avoir au moins un doigt d'homme[15].

En Italie aussi, quand les Juifs cherchaient à se soustraire à l'obligation de porter le signe, ils étaient punis. En Sicile, les délinquants étaient passibles de quinze jours de prison[16]; de même à Venise, où ils pouvaient être, en outre, condamnés à une amende[17]. A Vérone, la peine était de vingt-cinq livres pour chaque

[1] *Educatore israelita*, 1871, p. 140; — *Revue des Études juives*, t. V, p. 223; — *Educatore israelita*, 1863, p. 202.

[2] *Educatore israelita*, 1871, p. 140.

[3] *Revue des Études juives*, t. II, p. 191.

[4] Du Cange, au mot JUDÆI; — *Educatore israelita*, 1871, p. 48; — Schudt, l. VI, p. 244.

[5] *Sicilia sacra*, t. II, p. 907.

[6] *Sacrosancta concilia*, t. XV, col. 59 et 193; — Schudt, l. VI, p. 244.

[7] *Ibid.*

[8] *Ibid.*

[9] Conciles de Ravenne, dans les *Sacrosancta concilia*, t. XV, col. 58 et 193; — *Sicilia sacra*, t. II, p. 907; — Du Cange, au mot JUDÆI; — Schudt, l. VI, p. 244.

[10] *Sacrosancta concilia*, t. XV, col. 58 et 193; — Du Cange, au mot JUDÆI; — *Educatore israelita*, 1871, p. 48; — Schudt, l. VI, p. 244.

[11] *Sicilia sacra*, t. II, p. 907.

[12] *Ibid.*

[13] *Educatore israelita*, 1871, p. 48.

[14] *Ibid.*, 1863, p. 202.

[15] Schudt, l. VI, p. 244.

[16] *Sicilia sacra*, t. II, p. 907.

[17] *Educatore israelita*, 1871, p. 48.

[library stamp] DELISLE ... MANUSCRITS

contravention; il n'en était fait remise sous aucun prétexte[1]. Cependant, il y avait des adoucissements à ces rigueurs; par exemple à Pirano, les Juifs n'étaient pas condamnés quand ils cachaient le signe, pourvu toutefois qu'ils le portassent[2]; en voyage par terre et par eau, ils n'étaient pas tenus de l'avoir[3]; de même, les Juifs d'Asolo n'étaient pas obligés de se couvrir du chapeau jaune quand ils voyageaient[4].

Les Juifs de Novare et de Verceil furent exemptés par le duc de Milan de l'obligation de porter l'O sur leurs vêtements (16 avril 1448[5]); ceux de Parme obtinrent la même dispense de Galéas-Marie Sforza (20 septembre 1473)[6]. Enfin, à côté de ces exemptions générales, il y a des dispenses particulières; nous en trouvons une en faveur de Moïse Rap, médecin, en récompense des services rendus par lui à la République de Venise[7].

Enfin il semble résulter d'un texte donné par la *Sicilia sacra*[8] qu'un prélat ou un ecclésiastique d'un rang élevé était chargé spécialement de veiller à l'observation des règlements relatifs à la roue. Nous connaissons par un acte du 10 août 1395 un fonctionnaire investi de cette charge, il se nommait Nicolas de Palerme.

Les Juifs furent chassés d'Angleterre en 1290; ce que nous pouvons savoir du signe qu'ils étaient contraints de porter se réduira donc forcément à peu de chose.

Il leur fut imposé, dès 1222, dans un concile provincial tenu par Etienne de Langton, archevêque de Cantorbéry. Il se composait, pour les deux sexes, d'une bande d'étoffe de deux doigts de largeur et de quatre de longueur; elle devait être d'une couleur différente de celle du vêtement[9]. D'après Tovey[10], le signe fut d'abord blanc;

[1] *Ibid.*, 1863, p. 202.
[2] *Revue des Études juives*, t. II, p. 191.
[3] *Ibid.*
[4] *Ibid.*, t. V, p. 231.
[5] *Hebraeische Bibliographie*, t. VI, p. 66.
[6] *Educatore israelita*, p. 170.
[7] *Hebraeische Bibliographie*, t. VI, p. 67.
[8] ... Porro signum hoc rotellæ rubeæ, quibus fungebatur quod deferre solebant Judæi in Siculo regno sub custodia alicujus præsulis vel viri ecclesiastici dignitate præfulgentis satis declaratur in diplomate dato Catanæ 10 aug. 1395, ind. 3 a : F. Nicolaus de Panormo cognoscere debuerat de observatione Judæorum rotellæ de panno rubeo in forma et quantitate majoris regii sigilli, per dependentiam barbæ et palmi distantiam in eorum exteriori veste semper et ubicumque in pectore portando, in distinctionem a Christi fidelibus manifestam et mulierum eorumdem in earum veste exteriori sub pœna quindenæ carceris eisdem utriusque sexus inferendæ, etc. T. II, p. 907.
[9] Tovey, *Anglia judaica, or the history and antiquities of the Jews in England*, p. 82.
[10] *Ibid.*, p. 205.

sous Edouard Ier, en 1274 ou 1275, il fut changé en jaune, par acte du Parlement instituant le *Statutum de judaismo* et prescrivant que, dès l'âge de sept ans, les Juifs des deux sexes seraient tenus d'avoir sur leurs vêtements extérieurs deux bandes d'étoffe, *ad instar tabularum*, d'un palme de longueur [1]. Cette disposition fut confirmée, le 24 mai 1277, par Edouard Ier, dans un mandement à Hugues de Digneneton, qui remplaça l'étoffe par le feutre de couleur safran, de six pouces de longueur sur trois de largeur [2]. Enfin le concile d'Exham, célébré en 1279, prescrit également aux Juifs l'usage de deux banderolles d'étoffe de laine d'une couleur différente de celle du vêtement et cousues sur la poitrine. Les dimensions fixées sont d'au moins deux doigts pour la largeur et de quatre pour la longueur[3].

Le document le plus ancien que nous possédions sur le signe des Juifs d'Allemagne est une dispense accordée par Gérard, archevêque de Mayence, à ceux d'Erfurth. Cette dispense, du 16 octobre 1294[4], fut purement locale; peut-être même fut-elle rapportée peu d'années après, en vertu des prescriptions édictées dans le concile tenu à Mayence, en 1310, car tous les Juifs des deux sexes de la ville, du diocèse et de la province ecclésiastique de Mayence étaient astreints de reprendre, dans le délai de deux mois, et de porter les signes et des vêtements qui pussent les distinguer des chrétiens[5]. A Strasbourg, dès le XIVe siècle, les Juifs étaient forcés de se vêtir autrement que les chrétiens; ils devaient notamment avoir le chapeau pointu « Judenhut[6] ». Il est probable que le chapeau, prescrit par le concile de Vienne,

[1] Du Cange, au mot JUDÆI.

[2] Tovey, p. 202; — Rymer, *Fœdera, conventiones, literæ*, etc., t. II, p. 83 : Rex Hugoni de Digneneton, salutem... quod unusquisque ipsorum (Judæorum), postquam ætatem septem annorum compleverit, in superiori vestimento quoddam signum deferat, ad modum duarum tabularum, de feltro croceo, longitudinis videlicet sex pollicum et latitudinis trium pollicum...

[3] Ad hæc districte præcipimus ut Judæi utriusque sexus super vestes exteriores duas tabulas laneas habeant alterius coloris ad pectus consutas; quarum latitudo digitorum duorum et longitudo quatuor sit ad minus; ut sic per diversitatem habitus a catholicis discernantur et damnatæ commixtionis excessus inter hos et illos valeant evitari.

[4] ... nec eosdem Judeos ad portandum signa judaïca, nec ad alia que de Judeis in statutis nostris specialiter sunt expressa, artabimus quoquo modo (*Codex diplomaticus exhibens anecdota Moguntiaca*, t. II, p. 886).

[5] ... unanimi approbatione hujus concilii irrefragabiliter duximus statuendum ut in universis civitatibus, oppidis, castris et in villis civitatis, dioceseos et provinciæ Moguntinensis gens Judæorum utriusque sexus infra duos menses post publicationem hujus statuti talia signa et habitum quibus sine qualibet ambiguitate a christiano populo distinguatur, sibi eligat et deferat manifeste... (*Sacrosancta concilia*, t. XIV, col. 1512).

[6] Communication de M. Scheid, de Haguenau.

en 1267[1], fut, jusqu'au xve siècle, le signe distinctif des Juifs d'Allemagne; ainsi, le chapeau rouge fut porté par ceux de Nuremberg jusqu'en 1451, époque où il fut remplacé par une roue jaune pour les hommes. La découverte de nouveaux documents pourrait seule apprendre si la roue fut en usage en Allemagne avant le xve siècle.

Je la trouve mentionnée, pour la première fois, dans une ordonnance de l'empereur Sigismond, de 1434, concernant les Juifs d'Augsbourg et confirmée, la même année, par le conseil de la ville[2]. Elle est de couleur jaune et doit être fixée sur la poitrine; les femmes auront des coiffures pointues[3]. La roue jaune pour les hommes, le voile ou manteau, avec deux raies bleues pour les femmes, sont prescrits par le concile de Cologne de 1442, comme pour les Juifs de Rome[4]; il en sera de même à Nuremberg[5] et à Bamberg, dès 1451[6], et à Francfort dès 1452[7]. D'après les canons du concile de Bamberg, la roue sera de fil et aura un doigt de diamètre[8]; en plusieurs endroits, elle a la dimension d'un florin ou d'un écu[9]; mais rien n'a été plus variable que ces dimensions.

Outre la dispense accordée, en 1294, aux Juifs d'Erfurth, nous en connaissons une autre donnée à ceux de Mayence et de Bingen, en 1457[10].

Un *modus vivendi* donné, au mois de mars 1547, par Ferdinand, roi des Romains, landgrave et landvogt d'Alsace, aux Juifs du

[1] *Sacrosancta concilia*, t. XIV, col. 365; — Pertz, *Monumenta Germaniæ historica*, t. IX, p. 702; — Kollar, *Analecta monumentorum omnis ævi Vindobonensia*, t. I, p. 18.

[2] Gengler, *Codex juris municipalis Germaniæ medii ævi*, t. I, p. 89.

[3] Schudt, l. VI, p. 245.

[4] *Ibid.*, p. 243.

[5] Würfel, *Nachrichten von der Judengemeinde*, p. 95.

[6] Stumpf, *Denkwürdigkeiten der deutschen Geschichte*, p. 151.

[7] Nicolaus miseratione divina tituli S. Petri ad vincula S. R. E. presbyter cardinalis, etc. Cum nos alias in civitate Maguntium provinciali synodo præsideremus, inter cetera quoddam statutum de Judæis et crucis Christi inimicis in eadem synodo innovatum existit in quo sub cessationis divinorum et sub vacationis communionis pœnis districte mandatur quod Judæi de cætero signa deferre debeant conformiter ut in urbe Roma. Et nonnulli dubitare videntur quomodo in urbe Roma Judæi deferant. Hinc nos prout in aliis nationis locis ordinavimus, præsentium tenore declaramus signum hujusmodi esse debere circulum de croceis filis visibiliter consutum, cujus diameter communis hominis digito minor non sit, ante pectus quoad masculos in veste extrinseca, ita quod omnium eos intuentium oculis appareat; et dum rigæ blavei coloris in peplo mulierum in signum differentiæ ut a Christianis discernantur. Verum, uti accepimus, nonnulli Judæi in opido vestro Francofurtensi et extra habitantes, ac ipsum opidum frequenter visitantes, hanc ordinationem minime servare curant. Hinc, etc.... Datum in opido nostro Brunneck..., die 2ª mensis maii, anno a nativitate D. 1452, etc. (Schudt, l. VI, p. 244-245).

[8] Stumpf, p. 151.

[9] Schudt, l. VI, p. 243.

[10] Stumpf, p. 151; — Schaab, *Diplomatische Geschichte der Stadt Mainz*, p. 121.

haut Rhin vivant sous la domination autrichienne, stipulait qu'ils se vêtiraient autrement que les chrétiens et qu'ils porteraient la roue jaune[1]. Ceux de Haguenau durent aussi, en vertu d'une ordonnance du même prince, de l'année 1551, prendre la roue jaune. M. Scheid, connu des lecteurs de la *Revue* par son savant travail sur les Juifs de Haguenau, a bien voulu m'envoyer spontanément une copie de la roue dont le modèle figure d'un côté de l'ordonnance[2]. Nous la reproduisons ci-dessous à titre de spécimen, en représentant par des hachures la couleur jaune.

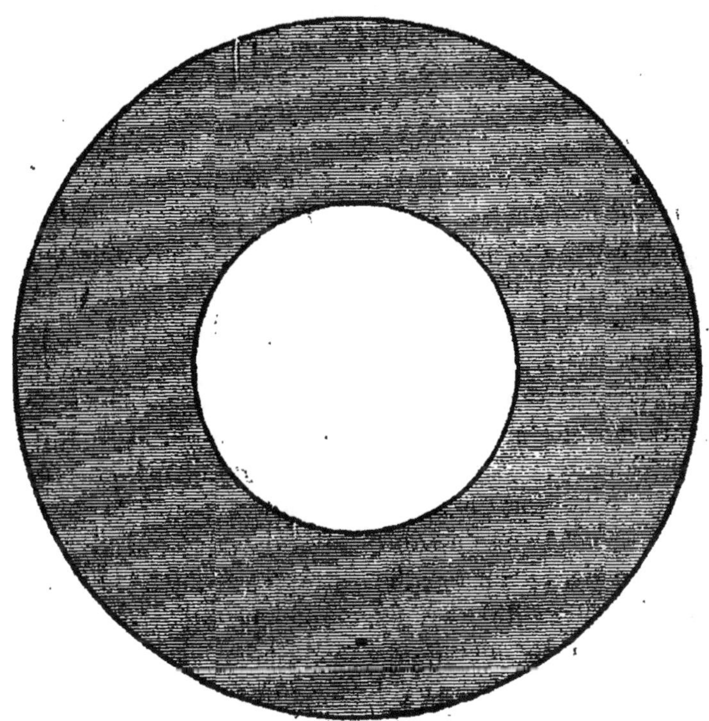

Schudt, dans ses *Jüdische Denkwürdigkeiten*[3], a donné trois fac-similés de la roue des Juifs de Francfort. Le premier, d'après une édition d'un règlement des Juifs de 1613 et 1614, a 92 millimètres de diamètre ; le cercle de la roue a 12 millimètres de largeur ; le deuxième, d'après l'édition de 1616, a à peu près les mêmes dimensions ; le troisième, de moindre grandeur, a 48 millimètres de diamètre ; le cercle 8 millimètres. Dans le cercle jaune des deux derniers il y a, à gauche, la lettre S, qui signifie sans doute *signum*.

[1] Archives de Strasbourg, L 174, n° 27 ; communication de M. Scheid.
[2] L'original est aux archives de Haguenau, sous la cote GG, n° 68.
[3] P. 118, 155 et 165.

La réglementation du signe des Juifs d'Allemagne n'offre, à vrai dire, qu'un intérêt secondaire, puisqu'elle a été, à peu de chose près, la même que partout ailleurs. Dans l'Empire, l'esprit public à l'égard des Juifs se manifestait sous de tout autres formes.

Dans les gravures allemandes de la fin du xve siècle, ils sont représentés avec la roue, surtout lorsque l'artiste veut les rendre ridicules ou odieux. Schudt donne, dans son livre, une gravure reproduisant un dessin fait après 1475 et qui se trouvait autrefois sur la tour d'un pont à Francfort. Elle représente quatre Juifs et une Juive ; l'un est à rebours sur une truie ; un autre la tète ; un troisième reçoit dans la bouche les déjections de l'animal ; le quatrième, debout, porte deux cornes de bouc. Tous ont la roue, le premier et la femme sur le bord de leurs manteaux ; le second et le quatrième sur la poitrine ; le troisième sur la manche, près de l'épaule [1]. De même les gravures de Wohlgemuth de l'édition in-fol. du *Liber chronicarum mundi*, publiée à Nuremberg, en 1493, qui représentent le crucifiement de l'enfant Richard par les Juifs à Pontoise et celui de l'enfant Simon à Trente, nous montrent les Juifs, trois dans la première et huit dans la seconde, avec la roue [2].

En ce qui concerne le signe des Juifs établis en Suisse, les renseignements connus se réduisent aux suivants. Un Juif reçu, en 1435, à Schaffouse, est soumis à l'obligation de porter sur le devant de son vêtement un signe de drap rouge de la forme d'un chapeau pointu [3]. Sur une gravure d'Urse Graff, qui vivait à Bâle vers 1508, on voit, parmi les auditeurs qui écoutent le Christ prêchant, un Juif représenté avec une roue sur le dos [4].

La même pénurie de documents existe pour les Juifs d'Autriche, de Hongrie et de Pologne. Aux termes des canons du concile de Vienne tenu en 1267, les Juifs d'Autriche devaient, comme je l'ai déjà dit, porter le chapeau pointu [5]. Le concile d'Ofen, en 1279, prescrivit la roue de drap rouge, sur le côté gauche de la poitrine [6].

Les Juifs de Pologne étaient obligés de se coiffer de chapeaux

[1] Entre les p. 256-257.

[2] Ces gravures ont été reproduites par M. Paul Lacroix, *Mœurs, usages et coutumes au moyen-âge et à l'époque de la Renaissance*, p. 473 et 475.

[3] Ulrich, *Sammlung jüdischer Geschichten in der Schweiz*, p. 463.

[4] Dans un recueil conservé au département des estampes de la Bibliothèque nationale, sous la cote E *a* 25, p. 82.

[5] ... districte præcipimus ut Judæi qui discerni debent in habitu a Christianis cornutum pileum quem quidam in istis partibus consueverunt deferre et sua temeritate deponere præsumpserunt, resumant,... (*Sacrosancta concilia*, t. XIV, col. 365). — Cf. Pertz, t. IX, p. 702, et Kollar, t. I, p. 18.

[6] Grætz, t. VII, p. 164.

ou de bonnets vert foncé, sauf en voyage où ils en étaient dispensés[1].

Enfin il semblerait résulter d'une exemption accordée, en 1462, à un Juif de Crète, Maurogonato, que les portes des maisons des Juifs établis dans l'île devaient être marquées d'un O ou d'un θ (*thêta*)[2].

Telle est la substance des documents que j'ai pu recueillir sur le signe des Juifs. Il y en a assurément beaucoup d'autres encore enfouis dans les dépôts d'archives ou disséminés dans des ouvrages imprimés. J'espère que mon modeste travail aura pour résultat de les faire sortir de la lumière et de fournir un appoint important à des recherches que je n'ai pas la prétention d'avoir épuisées; j'espère surtout avoir fourni aux archéologues des éléments utiles pour la détermination de l'origine et de la date des monuments où des Juifs seraient représentés avec le signe.

En terminant j'adresserai encore une fois l'expression de ma sincère reconnaissance aux érudits qui ont bien voulu m'adresser des communications; je n'hésite pas à avouer que si cet essai a quelque mérite, je le dois surtout à l'inépuisable bienveillance et à la vaste érudition de M. Isidore Loeb.

Livre vert de Barcelone.

ULYSSE ROBERT.

[1] Du Cange, au mot JUDÆI.
[2] Sathas, Ἑλληνικὰ ἀνέκδοτα, p. XXVI.

VERSAILLES, IMPRIMERIE CERF ET FILS, RUE DUPLESSIS, 59.

www.ingramcontent.com/pod-product-compliance
Ingram Content Group UK Ltd.
Pitfield, Milton Keynes, MK11 3LW, UK
UKHW012310240726
13966UKWH00005B/1767